Un nuovo libro sulle strutture acquatiche chiamate Dolphin. Anche questa volta assistiamo meravigliati alla qualità espressa dalle fotografie di Hannibal. Una carrellata di emozioni racchiusa negli scatti, una fantasia di bianchi e neri incredibili: insomma lo standard qualitativo è sempre alto, ormai sono anni che Hannibal ci vizia così.

Sembra quasi di specchiarsi in questi fantastici chiaroscuri: purtroppo possiamo essere in quei luoghi solo con la fantasia, ma con la certezza che se li visitassimo un giorno non li troveremmo probabilmente così belli come li ammiriamo in queste pagine...

Fabio Rancati

New book on aquatic structures called Dolphin. Once again we are amazed at the quality expressed by Hannibal's photographs. A succession of emotions contained in the shots, a fantasy of incredible whites and blacks: in short, the quality standard is always high, Hannibal has been spoiling us for years.

It seems almost to be reflected in these fantastic light dark: unfortunately we can be in those places only with the imagination, but with the certainty that if we visit them one day we would not find them as beautiful as we admire them in these pages ...

Fabio Rancati

Assenza — Garda Lake

Bogliaco Garda Lake

Brenzone Garda Lake

Cassone — Garda Lake

Castro — Iseo Lake

Cisano　　　Garda Lake

Garda — Garda Lake

Grazie Mantova

Isola della Donzella — Rovigo

Lazise Garda Lake

Malcesine — Garda Lake

Manerba Garda Lake

Mantova

Porto di Brenzone — Garda Lake

Predore — Iseo Lake

Punta San Vigilio — Garda Lake

Riva del Garda — Garda Lake

Sale Marasino — Iseo Lake

Sottomarina di Chioggia

Tavernola Bergamasca — Iseo Lake

Torbole Garda Lake

Torri del Benaco — Garda Lake

Toscolano Maderno — Garda Lake

Venezia

Vesta — Iseo Lake

Assenza Garda Lake

Bogliaco — Garda Lake

Brenzone — Garda Lake

Cassone — Garda Lake

Garda — Garda Lake

Lazise — Garda Lake

Malcesine Garda Lake

www.ingramcontent.com/pod-product-compliance
Lightning Source LLC
Chambersburg PA
CBHW041259180526
45172CB00003B/898